*Gedichte
die das Leben schreibt*

Gedichte
die das Leben schreibt

von

Gabriele Zappel-Lucke

Bibliografische Information der Deutschen Nationalbibliothek
Die Deutsche Nationalbibliothek verzeichnet diese Publikation in der Deutschen Nationalbibliografie; detaillierte bibliografische Daten sind im Internet über http://dnb.d-nb.de abrufbar.

Foto Titelseite: Gabriele Pumpe

Herstellung und Verlag: BoD - Books on Demand, Norderstedt

ISBN 9783732234783

Inhalt

- 7 Kirschbaum
- 8 Früchte eines Baumes
- 9 Lauschet
- 10 Natur pur
- 11 Luft
- 12 Meer
- 14 Leben
- 16 Verbunden
- 17 Vertrauen
- 18 Leise
- 19 Schneewanderung
- 21 Freundschaft
- 22 Kommunikation
- 23 Mensch
- 24 Bedingungslos
- 25 Liebe liebt
- 26 Frieden mit Dir
- 27 Liebe
- 29 Universum
- 30 Tag des Lebens
- 32 Neuer Morgen
- 34 Tod und Leben
- 36 Haikus
- 37 Beziehung
- 38 Fliegen
- 39 Ich bin Ich
- 42 Ja
- 43 Warum machst du das?
- 44 Wahrheit
- 45 Ein Loblied auf die Jugend
- 46 Befreiung
- 47 Schule
- 49 Aus und vorbei?
- 50 Frühling
- 51 Ich
- 54 Weihnachtsstern
- 55 Fliederpracht
- 57 Rose
- 58 Beziehungsketten
- 59 Freiheit
- 60 Wo sind wir?
- 62 Ein Verbrechen
- 64 Mutter Natur

Kirschbaum

Ich lieg hier unterm Kirschbaum
wie im Traum,
sperr auf mein Mündlein
und du glaubst es kaum;

ein Kirschlein fiel herab vom Baum,
rot und rund in meinen Mund.
Mmmh welch ein Genuss,
so süß wie ein Kuss.

Vöglein kommen mich besuchen,
wollen wohl auch probiern vom leckeren Kuchen.
Zwitschern munter vor sich hin,
was ihnen kommt in den Sinn!

Wolken begleiten uns zwischen den Zweigen,
und sagen sich:" So soll es bleiben."
Lustig ist das frohe Treiben
hier im Freien auf den Weiden.

Früchte eines Baumes

Betrachtet einander nicht als Fremde,
ihr seid die Früchte eines Baumes und die Blätter eines Zweiges.

Ob Afrika und Asia, Europa und Amerika,
die Erde ist für alle da.
Eine Heimat für Mensch und Tier,
zusammen zu leben, dafür sind wir hier.

Betrachtet einander nicht als Fremde,
ihr seid die Früchte eines Baumes und die Blätter eines Zweiges.

Nicht jeder hat die gleiche Schrift
oder trägt dasselbe Gesicht.
Verschieden und doch eins zu sein,
Voraussetzung zum Glücklich sein.

Betrachtet einander nicht als Fremde,
ihr seid die Früchte eines Baumes und die Blätter eines Zweiges.

Entsprungen der Wurzel, die Menschheit sich nennt,
aus demselben Staube, den jeder kennt.
Einer für alle und alle für einen,
dann wird keiner mehr weinen.

Betrachtet einander nicht als Fremde,
ihr seid die Früchte eines Baumes und die Blätter eines Zweiges.

Lauschet

wie der Wind rauschet.
Er biegt die Blätter, Gräser, Bäume vor sich hin,
bereitwillig lassen sie sich gehn,
um im nächsten Augenblick wieder aufrecht zu stehn.
Ich kanns sehn,
nur das Starre bricht, das Biegsame nicht.
Gib also auf das enge Denken
und lass dich lenken
von neuen Gedanken,
die da rauschen außerhalb deiner Schranken.
Brich entzwei,
wie die Schale des Eies
deine alte Haut
die nur Mauern baut
zwischen dir und der Welt,
die nicht mehr hält
wie's einmal war,
das ist nun zweifellos klar.

Natur pur

Ich liebe Natur pur,
den Wind,
der mir ein Liedchen singt.
Im Rauschen der Blätter
lauschen
meine Ohren
der Melodie der Bäume;
neue Räume
entstehn,
und ich kann gehn
Wege,
die kein Auge je gesehen;
Pfade,
die mich führen zu mir.
Düfte, die mir bringen
neue Kräfte zum Singen,
das nie endende Lebenslied,
welches der Schöpfer in uns schrieb.
Ich danke dem Leben,
das mir so viel gegeben.

Luft

Durch den Atem sind wir verbunden
mit dem feineren Leben und Streben.
Stirbt der Atem,
sind wir ganz feineres Leben und Streben.

Doch hier verbindet er uns jede Sekunde neu
mit dem unendlichen, weiten ewigen Reiche
und erinnert uns an unsre
göttliche Bestimmung.

Lass deinen Atem strömen,
von Kopf bis Fuß,
keine Angst soll ihn stocken
und deine Bindung blockieren.

Schenke jeder Zelle deines Körpers
diese göttliche Kraft.
Werde ganz Atem
und lebe.

Das Meer

Ich liebe das Meer.
Wo kommt es nur her?
War's immer schon da?
Ursprung des Lebens?
Ich suche vergebens
nach Antwort und Sinn.
Wo führt es mich hin?
Ich lasse mich gleiten
in unendliche Weiten,
der Wellen auf und ab
sagen mir, nie wird es knapp,
Beständigkeit und Dauer
wissen es genauer.
Alle Spitzen werden genommen,
durch das stetige
Gehen und Kommen.
Der Anfang ist das Ende
und das Ende ist der Anfang
so schnell wie auch langsam.
Majestät und Kraft
göttliche Eigenschaft

verraten das Geheimnis der Macht.
Ich könnte singen,
tanzen und springen,
vor Freude zerrinnen.
Mit all meinen Sinnen
kann ich beginnen
mich neu zu beleben
durch des Wassers Macht,
die es tatsächlich schafft
meine verbrauchte Kraft
zu erneuern.
Zärtlich umspült es meine Haut
und ich spüre wie es mich erbaut.
Mit jedem Zug bringt es mich näher zu mir
und ich verlier
die Angst vor dem Leben
das mir gegeben.
Getragen und geborgen
verlier ich all meine Sorgen.
Ich lasse es gehn
und kann neue Lichter sehn;
fern von zu Haus
im Wellenrausch.

Leben

Jeder Tag ein Genuss.

Jeder Atemzug ein Gruß

des Lebens

an dich.

Atme die Welle

und spür die Quelle,

so nah bist du

dem Meer des Lebens.

Freude nimmt dich in die Pflicht

und zeigt dir ihr Gesicht.

Mit offenem Herzen

lass alle Schmerzen,

denn Sorge, Kummer, Pein,

wollen hier nicht sein.

Verbunden

Noch nie war ich dem Himmel so nah.
Beim Wolkenspiel
das ich hier sah,
überfiel
mich das Gefühl,
Himmel und Erde sind eins.

Oben und unten
innen und außen
der Rhythmus des Lebens,
es gibt keine Trennung,
das Gesetz heißt:
„Verbundenheit".

Vertrauen

Blätter fallen wie Regentropfen
und klopfen
an mein Herz.
Mach auf du wundes Herz
und lass den Schmerz,
fass Mut und vertraue.

Leise

leichte, weiche, weiße Last
trägt Ast für Ast,

zarte Flocken von da oben,
wollen Gottes Schöpfung loben,

denn sie zeigen unverhohlen,
was kein Mensch kann wiederholen,

einzigartig, tausendfach,
bilden sie die Winterpracht.

Lustig fallend, glitzernd funkelnd
nicht einen Augenblick verdunkelnd

rufen sie im Tanz dir zu:
„Gedankenwelt, nun gib schon Ruh!"

Schneewanderung

Schritt für Schritt
begleitet mich das Knirschen
unter meinem Tritt.

Wo bin ich?
Wo steh ich?
Wohin geh ich?

Schritt für Schritt
begleitet mich das Knirschen
unter meinem Tritt.

Ich geh einen Weg
unbekannt und neu,
ohne Scheu.

Schritt für Schritt
begleitet mich das Knirschen
unter meinem Tritt.

Ich dreh mich um, rundherum,
wo komm ich her, wo geh ich hin,
macht es einen Sinn?

Schritt für Schritt
begleitet mich das Knirschen
unter meinem Tritt.

Durchs Geäst strahlt die Quelle des Lichtes
und erwärmt die Kühle des Gesichtes.

Schritt für Schritt
begleitet mich das Knirschen
unter meinem Tritt.

Schatten durchqueren das strahlende Leuchten
und lebendig werden Wälder und Wiesen, die feuchten.

Schritt für Schritt
begleitet mich das Knirschen
unter meinem Tritt.

Schneebedeckt
liegt das Neue noch versteckt.

Schritt für Schritt
begleitet mich das Knirschen
unter meinem Tritt.

Freundschaft

Der Körper ist der Tempel
des inneren Seins.

Er ist dein Freund.
Höre auf ihn und er erzählt dir eine Liebesgeschichte,
denn er meint es gut mit dir.
Nur manchmal… wird er laut und spricht mit dir,
damit du verstehen lernst wer du bist.

Höre auf deinen Schmerz,
es ist kein Scherz.
Er ist dein Freund
und sagt dir klar und deutlich was er meint.

Kommunikation

Ich rede.

Wer hört?

Bist du hier bei mir?

Wo bist du?

Schwingungen treffen auf mein Ohr.

Was fühl ich?

Kommt es an?

Was kommt an?

Hab ich verstanden was du meinst,

oder versteh ich nur mich,

wenn überhaupt!

Mensch

Manchmal sag ich Sachen,
die ich besser nicht gesagt hätte;

manchmal tu ich Dinge,
die ich besser nicht getan hätte.

Und wie geh ich dann mit mir um?
Ich bin stumm.

Nur Tränen sprechen,
um nicht zu zerbrechen

an den Schwächen,
die es gilt mutig zu durchbrechen.

Ich bin Mensch.

Bedingungslos

Ist mir egal wer du bist.
Ist mir egal was du tust.
Ich will nur dein Herz.

Ist mir egal was du trägst.
Ist mir egal wie du bist.
Ich liebe dich!

Du bist für mich Glück.
Du bist für mich Einheit.
Du bist für mich Liebe.

Liebe liebt

Liebe kennt keine Eifersucht,
denn die Liebe liebt.

Liebe kennt keinen Besitzanspruch,
denn die Liebe liebt.

Liebe kennt kein:" So sollst du sein",
denn die Liebe liebt.

Liebe kennt keine Machtspiele,
denn die Liebe liebt.

Frieden mit dir

Du darfst anders sein als ich.
Ich hab keine Pflicht,
dir deine Wünsche zu erfüllen,
ich muss mich nicht verhüllen,
offen kann ich sagen,
womit meine Gedanken mich plagen.
Weder Macht noch Ohnmachtspiel
treibt uns in die Enge,
noch andere Zwänge.
Auf einer Ebene spielen wir
auf dem Klavier
des Lebens.

Liebe

Was mach ich nur mit diesem brennenden Herzen,
das sich in Sehnsucht verzehrt
und im Verlangen nach dir keine Ruhe findet.
Jeder Augenblick gibt ihm neue Nahrung
durch das Gedenken an dich.
Das Fern sein von dir verzehrt mich
und die Sehnsucht raubt mir den Verstand.
Meine Gedanken drehen sich um dich.
Meine Gefühle entzünden das Feuer der Liebe
zu dir ständig neu.
„Ich brenne, mein Geliebter, ich brenne;
bitte komm mir nahe, bevor ich nur
noch Asche bin.

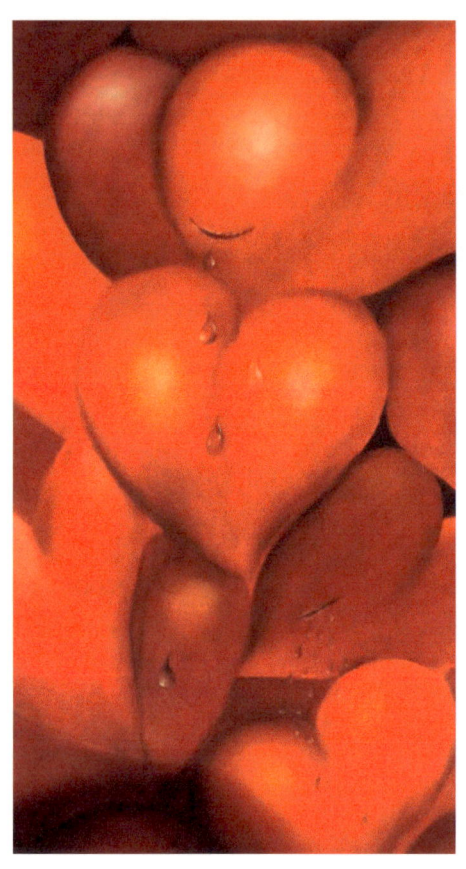

Universum

Das ganze Universum weiß,
dass ich Dich liebe,
Du Quell meines Lebens,
Du Wasser des Gebens.
Keine Sekunde bin ich allein,
Du bist bei mir,
mein Denken und Sinnen richtet sich nach Dir.
Erfülle mein Herz
und lass den Schmerz, der die Trennung von Dir beweint
in der Zeit in der ich fern bin von Dir.

Vergib mir jedes Gedenken außer an Dich;
Du, den ich liebe mehr als mich.
Verzücke und beglücke mich,
lass mich nie im Stich,
verwandle und forme mich, Du mein goldenes Gesicht.

In Deinen Armen fühl ich mich geborgen
und kann all meine Sorgen
legen in Deine Hand,
Du meine Liebe,
die mich mit allem verband.

Tag des Lebens

Kaum hat der Tag begonnen,
ist er auch schon zerronnen.
Mag das mit meinem Leben auch so sein;
gestern war ich doch noch klein,
heut soll ich schon erwachsen sein,
und morgen?

Die Zeit ist wie ein Hexenmeister
und wird mir immer dreister.
Schon spür ich meine Kräfte schwinden
und muss mich überwinden,
mein Äußeres zu hegen und zu pflegen,
damit sich nicht so viele Falten legen.

Doch das ist nicht die größte Plage,
denn schon stellt sich mir die Frage,
was soll die ganze Chose hier,
wenn ich danach all das doch verlier.
Mein Verstand verliert sich im Sinnen
und ganz langsam beginnen
die Gedanken sich zu klären.

Wenn es dies schnell Vergängliche gibt,
dann muss es auch etwas Ewiges,
Unvergängliches geben,
denn das Leben lehrt mich:
Kein Schatten ohne Licht,
kein Ende ohne Anfang,
kein Tod ohne Leben,
das eine bedingt das andere.

Doch was gehört zu den unvergänglichen Dingen?
Lass mich noch mal sinnen.
Die Liebe, die ich je gehegt
für einen Menschen, eine Sache;
die Achtsamkeit mit der ich mache
meine Arbeit all mein Tun;
die Schätze, die noch in mir ruhn;
die Freude an der ganzen Welt,
und Liebe zu dem Himmelszelt;
die Tugenden, mein Glück;
alles was ich lassen kann
und jeder Neuanfang,
der mir bringt Gewinn genug,
so wie mein letzter Atemzug.

Neuer Morgen

Jeder Tag ist ein Neuanfang,
nach dem kleinen Tod der Nacht
bricht ein neues Leben an.
Die Lerchen auf dem Felde,
die Amseln in den Bäumen
jubeln ihm zu und verkünden:

„Ein neuer Tag ist erwacht,
freu dich und hab Acht,
dass du das Wichtigste
nicht versäumst zu tun;
denn niemals wirst du wissen,
wann dein letzter Tag erwacht."

Tod und Leben

Denke über das Leben nach dem Leben nach,
dann lebe das Leben, lebe das Leben, lebe das Leben.

Keine Sache im Leben ist sicherer als der Tod.
Dann mach ihn doch zu deinem Verbündeten,
er wird dich lehren, was wirklich wichtig ist im Leben.
Dann wird es nicht wie ein Schatten vergehn,
du wirst es fühlen und erfüllen,
nicht davonlaufen und ignorieren.
Wisse um das Danach, wie um das Jetzt.
Jederzeit kann dein Gefährte sein Lösegeld einziehn,
dir deinen Körper entziehn,
und dann sind all deine Taten getan
und all deine Worte gesprochen.
Versäume nicht einen Tag das zu tun
was dir am wichtigsten ist.
Finde deinen Frieden mit dir,
hier, jetzt und heute.
Liebe deine Menschen und dich,
hier, jetzt und heute.

Teile deine Freude,
hier jetzt und heute.
Gebe deine Gefühle,
hier jetzt und heute.

Wir kommen, sind und gehn,
wir lernen zu verstehn.
Es braucht die Zeit,
bis unser weißer Schopf in Weisheit erblüht.
Es ist der Preis des Alterns
den du zahlst für das Wissen in dir,
ein unendlich reicher Schatz,
den das Leben dir schenkt.
Nimm dankbar den Preis und den Lohn,
denn es ist gewollt und gut so.

Die Zeit bleibt nicht in der Jugend stehn,
sie will bis zum Ende gehn.
Das Ziel wird die entzücken,
die die Angst nicht abhält sich davor zu drücken.
Mit Mut und Kraft
hats bisher jeder geschafft.

Haikus

Wasser
fließt
landeinwärts
leise
Wellen
lassen
die
Priele
Quellen.
Überfluss

Ein Weg
führt
mich
zu
mir
sehe
Beständigkeit in der
Vergänglichkeit.
Ebbe und Flut

Nichts bleibt
wie es ist
kommen
und gehn
lärmen
und sehn
atmen
und vergehn.
Hoffnung

In der
Ruhe
liegt die Kraft
die
unversehens
Neues
schafft -
Wachstum

Liebe - Schmerz
Liebesschmerz

Trauer - Glaube
Hoffnung

Neue Sicht - Vergänglichkeit
Glück

Beziehung

Wie zwei Schwingen eines Vogels lass uns fliegen
dem Horizont der Liebe entgegen,
vereint und doch selbständig,
einander zugetan und doch selbstverantwortlich,
großzügig im Geiste, genügsam in der Welt,
offen für Freunde, unantastbar für Feinde,
einander treu ohne zu klammern,
füreinander, miteinander, zueinander,
frei im Denken, diszipliniert im Handeln,
ernst und doch voll Frohsinn,
im Geiste verbunden und daher nie allein.

Fliegen

Der Mensch

ist zum Fliegen bestimmt,

drum schwinge dich auf

du Kreatur mit zwei Beinen

und lass dein Herz fliegen

in die Sphäre der Liebe

der reinen Triebe

und fliege,

berauscht

durch die Düfte der Lüfte;

auf, in den Himmel der Glückseligkeit.

Ich bin Ich

Ich bin Ich,
ich lebe mein Leben,

nicht jedem gefällt
mein Regen und Streben,

doch Ich bin Ich,
ich lebe mein Leben.

Früh lernt ich:
„Nur mir sollst du alles geben",

doch Ich bin Ich,
ich lebe mein Leben.

Durch dornige Hecken, Gestrüpp und Gebälk,
da ließ man mich wandern in einsamer Welt.

Ich bin Ich,
ich lebe mein Leben

und wenn auch Druck, Gewalt und tierisches Streben
wie Schatten mein Leben durchweben,

Ich bin Ich,
ich lebe mein Leben,

den Rücken gebeugt, gebeutelt das Herz,
in unruhigen Nächten voll Weltenschmerz.

Ich bin Ich,
ich lebe mein Leben,

den Wind, die Sonne, den Regen, das Meer,
vertraut mir gemacht, gebs nie wieder her.

Ich bin Ich,
ich lebe mein Leben,

durch Kummer und Glück durch Freude und Schmerz,
geschmiedet im Feuer der Prüfung das Herz.

Ich bin Ich,
ich lebe mein Leben.

Im Kopfe gefangen, die rastlose Qual.
Verbindung zu mir, wer sie mir wohl stahl?

Ich bin Ich,
ich lebe mein Leben.

Vergangen sind Jahre der Suche und Pein,
wo mag wohl mein Eigen zu finden sein?

Doch, Ich bin Ich,
ich lebe mein Leben.

Die Wärme des Blutes erzählt es mir leis: „Hier bin ich
dein Körper", die Ferne zerreißt.

Ich bin Ich,
ich lebe mein Leben.

Hier wohn ich, dein Glück, dein Leid und dein Schmerz,
erzähl es mir lauter, mein pochendes Herz.

Ich bin Ich,
ich lebe mein Leben

Verloren ging einst das Fühlen in mir,
doch jetzt kann ich sagen: „Ich bin wieder hier."

Ich bin Ich,
ich lebe mein Leben.

Ihr wollt es mir nehmen, was maßt ihr euch an,
schaut nach dem Eignen und lasst mich fortan,

denn Ich bin Ich und
lebe Mein Leben.

Ja

Immer wieder werden sie mir sagen,
dass ich so sein soll wie sie,
dass ich nach ihren Wünschen
funktionieren soll.
Meine Potentiale, meine Ideale,
meine Visionen sind ihnen doch egal,
nicht wichtig.

Gut ist nur,
was nach ihren Vorstellungen
funktioniert.
Da habt ihr halt Pech,
denn ich möchte so leben,
wie mein Schöpfer es für mich gedacht hat,
und da wird euer Wollen nicht satt.

Warum machst du das?

Frag einen Maler, einen Tänzer einen Sänger!
Warum machst du das?
Was wird er dir sagen?
Es ist die Liebe meines Herzens,
mein Verlangen, meine Pflicht,
mein wahres Gesicht.
Nicht Geld noch Ruhm treibt mich an;
nein, die Sehnsucht meines Herzens schlägt mich in Bann.
Zu geben was das Leben mir geschenkt,
zu finden ein andres Herz das auch so denkt.
Wird's genommen ist der Liebesakt vollbracht,
wenn nicht, bleibt's allein in der Nacht.

Wahrheit

Was wirst du heute zu Grabe tragen?

Ist es eine Liebe,
die sich als falsch erweist?

Ist es eine Freundschaft,
die nun zerreißt,

oder dein Bild von dir?
Glaube mir,

nie endet der Trug und Wahn,
den jeder sich selbst ersann,

außer er fängt wirklich an
die ewige Wahrheit zu sehn,

die da leuchtet hinter verborgenen Schleiern,
wovon der dichteste das Wissen ist.

Ein Loblied auf die Jugend

Was heute noch zählt ist Jugendlichkeit.
Wer will schon eine alte Dame sehn.
Nein, jung, schön, sexy muss alles sein,
die Traumfrau wie der Traummann.

Ganze Konzerne leben von diesem Glauben
an die Größe der ewigen Jugend.
Chirurgen, Pharma und Kosmetika
freuen sich und lassen sich was einfallen,
um das Geld aus den Taschen zu ziehn.

Die Ignoranz des Todes hat dieses Kind geboren,
nicht gewahr des Wachsens und Vergehens,
zeigt es die Sturheit am Rad der Zeit festhalten zu wollen.
Halt am Haltlosen ?!?

Eine Zeit des Lebens zu verehren
und eine andere Zeit zu verachten;
welch kurzsichtiges Denken!
Sind wir alle Opfer der Massengläubigkeit?
Irrgötter werden uns verkauft,
zum Narren werden wir gehalten, und warum?

Keine Vernunft soll erwachsen,
im kindlichen Leichtsinn Verharrende sind leichter zu lenken,
wieso denn denken?
Wir die Machthabenden wissen
was gut für euch und unseren Geldbeutel ist.

Befreiung

Nein, so muss ich nicht mehr sein.
Keine Grenzen keine Normen halten mich mehr klein.
Jetzt darf ich, ich selber sein.
Muss nicht haben großen Busen, schlanke Beine,
wie die meisten Leute meinen.
Nein, jetzt darf ich ich selber sein.
Endlich sehe ich es ein.

Viele Jahre sind geschafft und ich hab es nicht vollbracht,
so zu werden wie die Norm der Schönheit will die Form.
Freiheit heißt mein neues Motto
und wie ein Sechser ist's im Lotto.

Keinem geb ich mehr das Recht,
mir zu sagen das ist schlecht;
und wer mich nicht sehen möchte,
dreh sich um, behalte Recht.

Schule

Im Namen des Wissens wird um sich geschlagen,
mit Unmenschlichkeit werden Seelen verletzt.
Funktionierst nicht im System, dann bist du schlecht,
und das mit Recht.
Hier zählt nur Leistung, Fleiß und Anpassungsfähigkeit.

Eine Person bist du; ja, aber nur nach gewünschtem Maß.
Ideen hast du; ja, aber nur für deine Welt.
Bereitschaft hast du; ja, aber nur für meine Muster.
Freude am Lernen hast du; ja, aber nicht mehr lange.
Du bist noch nicht tot? Wir kriegen dich klein.

Durch Konkurrenz, Druck und Härte
wirst du funktionsfähig geschmiedet
für unsere menschenfeindliche Welt
die Bezug verloren hat zum Leben.

Was du bist noch lebendig?
Wir kriegen dich schon hin,
nichts anderes liegt uns im Sinn.
Schließlich soll's weiter so funktionieren
Wie's immer schon war.

Lesen, schreiben, rechnen,
ja das ist gut fürs Gehirn,
mit Gefühlen haben wir nichts im Sinn.
Dein Kopf ist dein zu Haus
und alles andere muss raus,
Nebensache und Ballast,
nur wer im Kopf gut ist, der bringt's zu was,
das ist kein Spaß.

Die Wissenschaft hat festgestellt,
dass Wissen das Gehirn erhellt,
drum weiß ein jeder Obermeister,
wie's funktionieren muss im Geiste.

Doch geht er in den Wald hinein,
merkt er wie weit er ist entfernt vom „Sein".
Und diese tödlich Eigenschaft,
entzieht der Erde jede Kraft.

Sie stöhnt und jammert jeden Tag,
wann hört denn endlich auf die Plag?
Wann hat die Wissenschaft erkannt,
dass sie mich völlig ausgebrannt.

Durch Gene, Pulver, Atemschock,
geht mir die Luft aus in der Not.
Was mach ich bloß mit diesen Beinen,
die auf mir laufen und noch meinen,
sie seien wichtiger als ich,
in Hochmut, Stolz und Geiz verstrickt.

Kein Tag vergeht an dem sie keine Wunden in mich schlagen,
und da soll ich nicht verzagen?
Lehrt die Kinder mich verstehn,
euren Ursprung und Vergehn,
dann werdet ihr noch heute sehn,
wie Freudentränen in den Herzen stehn.

Aus und vorbei?

Lebensmitte überschritten, was nun?
Es geht dem Ende zu.
Auf dem absteigenden Ast zu sein,
ein ganz neues Lebensgefühl.
Aufwärts gings bisher immer,
von andrem hat ich keinen blassen Schimmer.
Nun auf einmal wird es mir klar,
nicht immer bleib ich hier auf dieser Erde,
nach mir werden andre diese Welt beschreiten,
Vögel, Tiere und Blumen begleiten.
Nichts bleibt wie es ist,
ja, das berührt mich nun ganz nah,
weil ich es nie so klar sah.
Wie vergänglich, endlich dieses Leben ist.
Was ist der Sinn?
Gib ihm Sinn!
Wo führt es mich hin?

Frühling

Es geht weiter.
Das Leben geht weiter,
genau das ist es,
was du mir dieses Jahr sagst,
und ich danke dir dafür.
Es nimmt mir sanft
immer mehr die Angst
vor dem Ende,
dem endgültigen Ende,
dem Aus und vorbei.
Nein, deine Botschaft ist eine andere,
ein wunderbares Geheimnis des Lebens,
das durch die Frühlingsblätter raunt:
„Es geht immer weiter."
Deine heitere Art diese frohe Botschaft
des Lebens zu künden ermuntert mich.
Die winzigen Knospen rufen es mir ins Gesicht.
Die feinsten Blättchen, die ersten Sprossen,
das linde Grün und das zarte Blühn verkünden:
„Es gibt kein Verlöschen, fürchte dich nicht,
hab Vertrauen in mich, in den Lauf des Lebens,
des ewigen Gebens."

Ich…

glaube an die Einheit
der Menschheit.

Ich glaube an die Möglichkeit,
dass alle Menschen in Frieden zusammenleben können.

Ich denke, dass es nötig ist
Grenzen zu setzen.

Ich denke, dass es wichtig ist
eine Ordnung zu halten.

Ich hoffe, die Liebe zur Menschheit
wächst in den Herzen aller Bürger.

Ich hoffe, die Menschen erkennen
bevor es zu spät ist.

Ich wünsche mir, dass Mann und Frau zusammenarbeiten
wie die Hände eines Wesens.

Ich wünsche mir, dass Rechtleitung und Wohlwollen
in die Herzen der Menschen einziehen.

Ich weiß, dass es nur einen Gott gibt
und dass alles von Ihm kommt.

Ich weiß, dass der Mensch seinem Wesen nach gut ist,
nur unvollkommen.

Ich bete für den Frieden der Welt
und die Ruhe der Völker.

Ich bete für das Glück der Menschen,
denn das Leben ist zum Glücklichsein

nicht zur Trauer; zur Freude,
nicht zum Gram erschaffen.

Weihnachtsstern

Weihnachtsstern,
dich haben wir so gern,
in der Winterzeit,
wenn es schneit.

Du gibst uns neue Lebenskraft
durch deinen Saft.
Denn rot wie Blut,
gleich Feuersglut,
erblühst du in den Winterzimmern,
und erstrahlst wie Sternenglimmer.

Kaum ein Haus
kommt ohne dein Strahlen aus.
Auch wenn der Süden deine Heimat,
gibst du im Norden deinen Schein ab.
Dein Rot erquicket Auge, Herz;
und weg ist schon der Winterschmerz.

Denn diese dunklen Tage,
werden so manchem zur Plage.
Wie machst du bloß
das Grün zu Rot?
Ein Wunder ist's,
wie's täglich Brot.

Fliederpracht

Betörender Duft
liegt in der Luft.

O du Schönheit der Natur,
ich schaue auf dich immer nur.

Du lachst mich an
mit deinem berauschenden Scharm.

Jetzt, jetzt, jetzt ist die Zeit,
es ist alles bereit.

Licht und Schatten, hell und dunkel,
machen sichtbar was lange versunken.

Mein Herz frohlockt vor Freude,
dich heute in deiner Schönheit Pracht zu erkennen.

Unvergängliche Bande verbinden uns,
dein Duft sagt mir: „ Ich bin gekommen,

neu gekommen; um zu erwecken,
die Herzen, die mich wünschen zu entdecken.

Liebe, Liebe, Liebe rufen alle meine Triebe."

Rose

Schau sie dir an.
Ist sie nicht schön?
Was sagt sie dir?

„Ich bin die Königin,
die Königin der Blumen.
Ich habe einen erhabenen Rang,
bin die Erwählte von allen.
Meine Stufe ist sicher und unantastbar.
Keiner kann daran zweifeln,
denn ich bezeuge es hunderttausend Mal
in all meiner Pracht."

„Ja, ich gestehe es ein,
kein Auge sah je eine Blume auf Erden,
die schöner ist als du,
du Königin der Blumen,
lebendige Schönheit, du.
Kein Sieg ohne Schmerzen,
kein Hoch ohne Tief.
Das ist der Preis,
den du forderst durch deiner Dornen Spitzen.
Doch wer nähme ihn nicht gerne an,
wer zahlt nicht den Preis,
da er doch weiß,
welch Anblick ihm verheißen
durch die himmlische Speise,
die du gibst mit deiner
Pracht und Würde.

Nie möchte ich dich missen,
nicht mal auf meinem Ruhekissen
du Königin der Blumen du."

Beziehungsketten

Schwarze Ketten umschlingen die Menschen,
sie haben sich verstrickt,
o nein, sie sehen es nicht,
sie sehen es nicht.

Sie können sich nicht ent-wickeln,
o nein, sie sehen es nicht,
sie sehen es nicht.

Sie wollen noch mehr, denn es fehlt ihnen was,
o nein, sie sehen es nicht,
sie sehen es nicht.

Begieriges Wollen macht blind.

Freiheit

Die Freiheit, die viel besungene Freiheit,
was ist die Freiheit?
Ich klage sie an, sie kann nicht halten was sie verspricht,
sie belügt und betrügt mich.

Mit ihrem Frei–sein macht sie mir vor,
dass sie im Außen zu finden ist,
sie überlistet mich.

Wie kann ich frei sein, wenn mein Herz
gebunden ist an alte Dogmen und Glaubenssätze,
die so unwahr sind wie eine Fata Morgana.

Die wahre Freiheit, so ich meine,
liegt in mir, in der Unabhängigkeit des Geistes
von allem außer Gott.

Im Erkennen und Lieben meiner Selbst
und allem Erschaffenen,
als Kreation eines vollkommenen Schöpfers.

Wo sind wir?

So eine tote Gesellschaft.
Nach Weihnachten kommt Fasching,
nach Sommerurlaub: Lebkuchen,
nach Nikolaus: Ostereier.
Ist überhaupt noch was zu spüren,
oder ist schon alles tot?

Alles zum Wegwerfen:
Geschirr, Kleider, Möbel.
Nicht mehr schön genug?
Kein Problem, mit Saugen, Straffen, Schneiden
wird das einzig Lebendige noch zur Maske.

Der Geist ist tot und treibt sein Unwesen
mit den Schattengespenstern des Lichts.
Ich will mehr.
Ich will besser.
Ich brauch noch.

Was braucht wer wirklich?
Ein Suchen ohne Ziel.
Ein Irrgarten ohne Ende.
Die Massen folgen den Irrenden
und Unwissenheit spielt das Spiel mit den Blinden und Tauben,
die nicht mehr spürn wonach ihr Herz schreit.

Es ist traurig und schmerzhaft
wie Rechtschaffenheit
Ehrlichkeit, Liebe und Treue
mit Füßen getreten
am Boden liegen.

Habt Erbarmen
mit Euch selbst
und benutzt Eure
höchste Gabe,
Euren Verstand.

Ein Verbrechen an der Hälfte der Menschheit

Welchem Wahnsinnsdiktat folgen wir?
Wozu wurde es in die Welt gesetzt?
Welchen Zweck erfüllt es?
Frausein verleugnen ist „in"
Keine Formen zeigen, nur noch „dünn".
Es ist der helle Wahnsinn,
wie das Gespenst schon die Kinder ergreift
und nicht mehr reift
die Frau heran, sondern ein verzerrtes Abbild des Manns;
schmale Hüften, kalte Formen,
die sich leicht lassen normen
in Maßen und Gewichten,
so können wir uns alle gegenseitig „richten".
Wer ist schön und wozu und für wen?
Der Mammon lacht sich ins Fäustchen,
denn die Mode hält das Diktat in der Hand
und die Männerwelt kostet es aus,
welch ein Schmaus;

die Frauen noch länger klein zu halten
mit dem alten Verhalten.
Industrie und Handel,
der tägliche Wandel baut darauf,
denn wer gibt schon gerne auf,
was sich so gut verkauft.
Pillen, Drinks und Pulver machen das Rennen;
nur schattenhaft sind die Silhouetten zu erkennen,
die das Ganze ersinnen.

Alles steht im Fieber des „Weniger und Mehr".

Am besten wir bleiben alle im Teeny Alter stehn,
und werden mit schmalen Hüften,
glatter Haut und ohne Haare gehn.
Erwachsen werden und Verantwortung übernehmen
will hier keiner.
Mit Magersucht und Bulimie
schaffts vielleicht doch noch eine, oder einer!

Mutter Natur

Danke für deine zärtliche Umarmung.

Danke für die Schönheit, die du nicht verhüllst.

Danke für das Zirpen der Grillen.

Danke für das Rauschen der Bäume.

Danke für die reine Luft.

Danke für den guten Duft.

Danke für die stille Andacht.

Danke für das satte Grün.

Danke für das bunte Blühn.

Danke für die Kraft der Bäume.

Danke für die weiten Räume.

Danke für das lustige Wolkenspiel.

Danke für deine erfrischende Quelle.

Danke für jedes Tier

und für die Begegnung mit Dir.